"¿Cómo desarrollar un negocio en la era digital?

NOMBRE DEL AUTOR

JOSE MIGUEL BLANCO ALCARAZ

- *cuya sabiduría y guía han sido la luz en mi camino hacia el éxito en el mundo digital."*

2. *Dedicatoria a Familiares o Amigos:*
   - *"Para [Nombre de Familiares/Amigos], cuyo apoyo incondicional y fe en mis sueños me han llevado más lejos de lo que jamás imaginé."*

3. *Dedicatoria a un Ser Querido Fallecido:*
   - *"En memoria de abuela Cordula, cuya presencia sigue siendo una fuente constante de inspiración y fuerza en mi vida y mi trabajo." Aunque ya no estéeste con nosotros al que mi madre… y muchos otros*

4. *Dedicatoria a los Lectores o a un Grupo Específico:*
   - *"A todos los emprendedores que se embarcan en el emocionante pero desafiante viaje del negocio digital, que este libro sea su mapa y su faro."*

5. *Dedicatoria Humilde y Agradecida:*
   - *"Gracias a todos los que han caminado conmigo en este viaje: amigos, familiares, colegas y mentores. Cada uno de ustedes ha dejado una huella imborrable en estas*

6. *Dedicatoria Inspiradora:*
   - *"Dedicado a aquellos que sueñan en grande y se atreven a perseguir esos sueños, sin importar los desafíos que encuentren en el camino."*

7. *Dedicatoria Personal y Emotiva:*
   - *", quien siempre creyó en mí, incluso cuando yo mismo dudaba. Tu fe ha sido el regalo más grande de todos."*

CapítulosCapitulos

1. *Ideación de Negocios en la Era Digital*
2. *Investigación de Mercado en Internet*
3. *Elaboración de un Plan de Negocio Efectivo*
4. *Fundamentos de la Marca Digital*
5. *Desarrollo de un Sitio Web Atractivo*
6. *SEO: Claves para Mejorar tu Visibilidad*
7. *Marketing en Redes Sociales*
8. *Publicidad en Línea: Google Ads, Facebook Ads*
9. *Estrategias de Marketing de Contenidos*
10. *Uso de Email Marketing Efectivamente*
11. *Introducción al Comercio Electrónico*
12. *Gestión de Inventario en Negocios Online*
13. *Optimización de la Experiencia del Usuario*
14. *Analítica Web para Principiantes*
15. *Inteligencia Artificial en Negocios Digitales*

16. La Importancia de la Seguridad en Línea
17. Estrategias de Precios en el Mercado Digital
18. Gestión Financiera para Emprendedores
19. Legalidades y Cumplimiento en el Ámbito Digital
20. Construyendo una Red de Contactos Online

Capítulo 1: La Evolución del Emprendimiento en la Era Digital

Introducción al Capítulo

En el primer capítulo, abordaremos cómo ha evolucionado el concepto de emprendimiento en la era digital. <u>Exploramos</u>~~Exploraremos~~ las nuevas oportunidades y desafíos que la tecnología ha traído para los empresarios y cómo esto ha cambiado la forma en que se crean y operan los negocios.

Contenido del Capítulo

1. El Amanecer de la Era Digital: Comienza con una breve historia de cómo la era digital ha transformado el mundo de los negocios. Habla sobre la transición de los negocios tradicionales a los modelos en línea y el surgimiento de la economía digital.
2. Nuevas Oportunidades de Mercado: Detalla cómo la era digital ha abierto nuevas avenidas y mercados. Incluye ejemplos de empresas que han aprovechado estas oportunidades para crecer de maneras antes inimaginables.
3. Tecnología al Alcance de Todos: Explica cómo el acceso a la tecnología ha nivelado el campo de juego, permitiendo a pequeñas startups competir con grandes empresas. Menciona herramientas digitales y plataformas que han facilitado este cambio.
4. El Emprendedor Moderno: Describe el perfil del emprendedor moderno: adaptable, tecnológicamente competente y siempre aprendiendo. Discute cómo las habilidades requeridas para ser un empresario exitoso han cambiado en la era digital.
5. Desafíos Únicos del Mundo Digital: Aborda los desafíos específicos de iniciar y dirigir un negocio en línea, como la seguridad cibernética, la sobrecarga de información y la necesidad de mantenerse constantemente actualizado sobre las tendencias tecnológicas.

6. *Caso de Estudio: Incluye un breve estudio de caso de una startup que ha utilizado con éxito las herramientas digitales para crecer y expandirse en un mercado competitivo.*

Conclusión del Capítulo

El capítulo concluye resaltando la importancia de adaptarse y evolucionar en la era digital. Anima a los lectores a ver los cambios tecnológicos no como obstáculos, sino como oportunidades para innovar y prosperar en sus emprendimientos.

Acciones Sugeridas

- *Reflexiona sobre cómo la tecnología ha cambiado tu sector específico.*
- *Haz una lista de herramientas digitales que podrían beneficiar tu negocio.*
- *Considera qué habilidades necesitas desarrollar para ser un emprendedor exitoso en la era digital.*

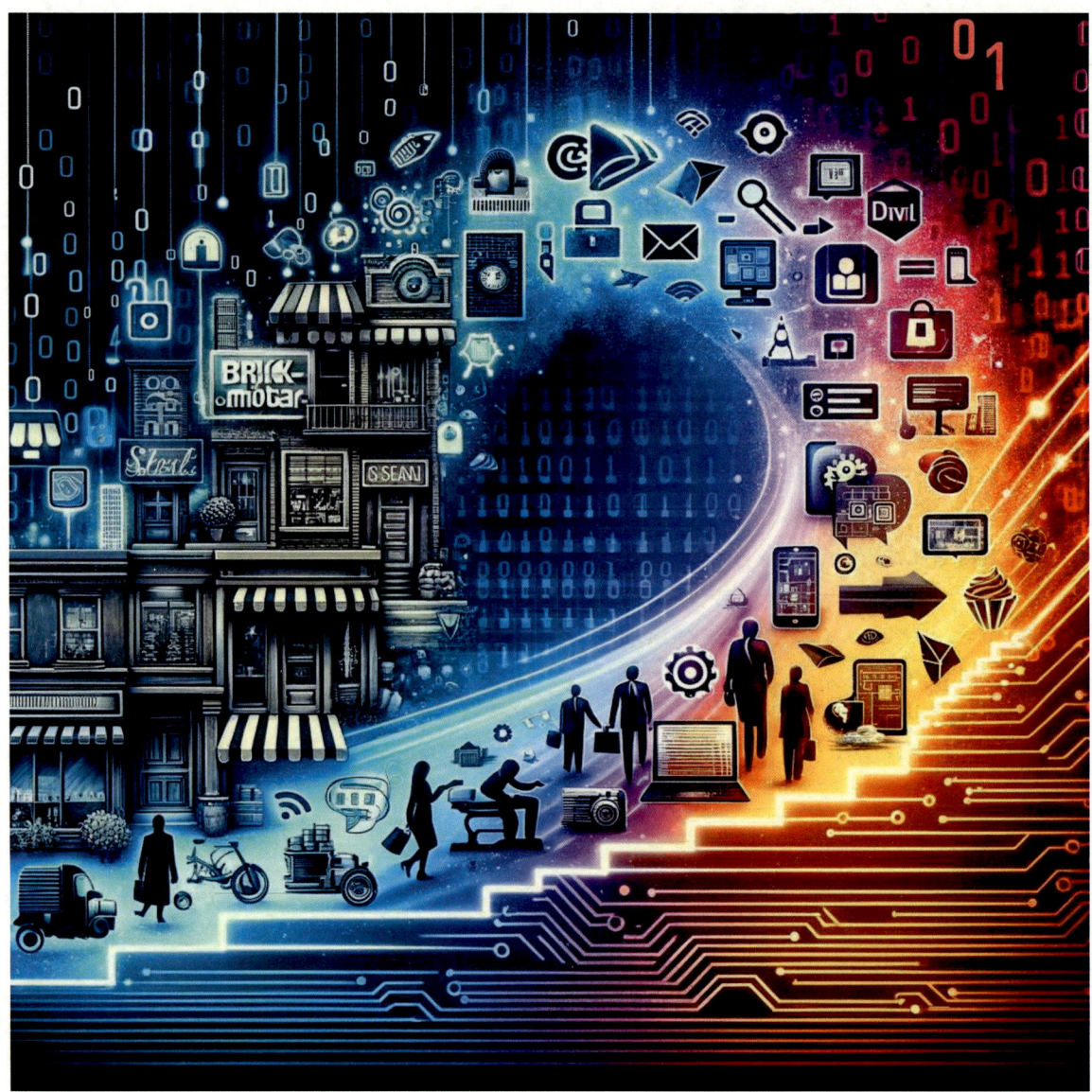

Capítulo 2: Navegando por el Mercado Digital: Estrategias para Identificar Oportunidades Únicas

Introducción al Capítulo

En este capítulo, ~~explicaremos~~exploraremos cómo identificar y aprovechar oportunidades en el vasto y dinámico mercado digital. Se centrará en técnicas para entender las necesidades del mercado, detectar nichos rentables y utilizar los datos para tomar decisiones informadas.

Contenido del Capítulo

1. *Entendiendo el Mercado Digital: Explica cómo el mercado digital difiere del tradicional y las implicaciones para los empresarios.*
2. *Investigación de Mercado en la Era Digital: Provee métodos para realizar una investigación de mercado efectiva utilizando herramientas digitales.*
3. *Identificación de Nichos de Mercado: Enseña cómo encontrar nichos rentables y* <u>subexplotados</u>~~subexplorados~~ *en el mercado digital.*
4. *Uso de Datos para Tomar Decisiones: Subraya la importancia del análisis de datos y la inteligencia de mercado en la toma de decisiones empresariales.*
5. *Adaptándose a las Tendencias: Discute cómo mantenerse al día con las tendencias digitales y adaptarlas a tu estrategia de negocio.*
6. *Caso de Estudio: Incluye un caso de estudio de un negocio que ha tenido éxito al identificar y capitalizar una oportunidad única en el mercado digital.*

Conclusión del Capítulo

Resalta la importancia de estar bien informado y ser adaptable en el mercado digital. Anima a los lectores a estar siempre en búsqueda de nuevas oportunidades y a utilizar las herramientas digitales a su favor.

Acciones Sugeridas

- *Realiza un análisis SWOT (Fortalezas, Debilidades, Oportunidades, Amenazas) para tu idea de negocio.*
- *Comienza a explorar herramientas de análisis de datos relevantes para tu industria.*
- *Mantente actualizado con las últimas tendencias en tu secto*

Ahora, crearé una imagen para el título de este capítulo.

la imagen para el título del Capítulo 2, "Navegando por el Mercado Digital: Estrategias para Identificar Oportunidades Únicas". La ilustración captura visualmente el tema de explorar y analizar el mercado digital, destacando la búsqueda y el descubrimiento de oportunidades únicas.

Capítulo 3: Construyendo una Marca Digital Poderosa y Auténtica

Introducción al Capítulo

Este capítulo se enfocará en la importancia de construir una marca fuerte en el ámbito digital. Abordaremos cómo una marca bien definida y auténtica puede diferenciar tu negocio en el mercado, atraer a la audiencia correcta y construir lealtad a largo plazo.

Contenido del Capítulo

1. *Fundamentos de la Marca Digital: Introduce los conceptos básicos de lo que constituye una marca digital fuerte y por qué es crucial en el mundo online.*
2. *Definiendo tu Identidad de Marca: Guía para definir los valores, la misión y la visión de tu marca, creando una identidad única.*
3. *Desarrollo de una Estrategia de Marca Coherente: Consejos sobre cómo mantener la coherencia de la marca en todas las plataformas digitales.*
4. *Marketing de Contenido y Narración de Historias: Explica cómo el contenido de calidad y la narración de historias pueden ser herramientas poderosas para conectar emocionalmente con tu audiencia.*
5. *Branding Visual y Diseño Web: Destaca la importancia del diseño gráfico y web en la representación visual de tu marca.*
6. *Caso de Estudio: Presenta un estudio de caso de una empresa que ha logrado construir una marca digital poderosa y reconocible.*

Conclusión del Capítulo

Enfatiza cómo una marca sólida y auténtica es esencial para el éxito en el competitivo mercado digital. Anima a los lectores a pensar estratégicamente sobre su marca y a ser creativos en su enfoque.

Acciones Sugeridas

- *Realiza un taller de brainstorming sobre los valores y la misión de tu marca.*
- *Revisa y evalúa la coherencia de tu marca en todas las plataformas digitales.*
- *Considera un rediseño de tu sitio web y materiales de marketing para reflejar mejor tu marca.*

Recursos Adicionales

- *Lista de herramientas de diseño gráfico, plataformas de creación de contenido y recursos de branding.*

Ahora crearé una imagen para el título de este capítulo.

Aquí tienes la imagen para el título del Capítulo 3, "Construyendo una Marca Digital Poderosa y Auténtica". La ilustración refleja visualmente el concepto de desarrollar una identidad de marca única y auténtica en el espacio digital

Capítulo 4: Maximizando la Presencia Online: Estrategias Efectivas de SEO

Introducción al Capítulo

Este capítulo se centrará en cómo maximizar la presencia en línea de tu negocio mediante estrategias efectivas de SEO (Search Engine Optimization). Discutiremos la importancia del SEO en la era digital y cómo puede impulsar la visibilidad y el tráfico hacia tu sitio web.

Contenido del Capítulo

1. *SEO: Una Visión General: Explica qué es SEO y por qué es crucial para cualquier negocio en línea.*
2. *Palabras clave e~~Clave y~~ Investigación de Mercado: Muestra cómo elegir las palabras clave adecuadas es fundamental para una estrategia de SEO exitosa.*
3. *Optimización On-Page: Detalla cómo optimizar elementos en tu sitio web, como títulos, meta descripciones~~metadescripciones~~ y contenido, para mejorar el ranking en los motores de búsqueda.*
4. *SEO Técnico: Aborda la importancia de la estructura del sitio web, la velocidad de carga y la compatibilidad con dispositivos móviles.*
5. *Construcción de Enlaces y SEO Off-Page: Explica cómo obtener enlaces de calidad desde otros sitios web puede aumentar la autoridad de tu página.*
6. *Caso de Estudio: Incluye un caso de estudio de una empresa que mejoró significativamente su visibilidad online a través de estrategias de SEO efectivas.*

Conclusión del Capítulo

Resalta cómo una estrategia de SEO bien ejecutada puede ser un cambio de juego para cualquier negocio en línea. Anima a los lectores a invertir tiempo y recursos en SEO para obtener resultados a largo plazo.

Acciones Sugeridas

- *Realiza una auditoría SEO de tu sitio web actual.*
- *Elabora una lista de palabras clave relevantes para tu negocio.*
- *Implementa mejoras técnicas y de contenido basadas en las mejores prácticas de SEO.*

Recursos Adicionales

- *Lista de herramientas de SEO, blogs y cursos en línea para profundizar en el tema.*

Ahora, crearé una imagen para el título de este capítulo.

Aquí tienes la imagen para el título del Capítulo 4, "Maximizando la Presencia Online: Estrategias Efectivas de SEO". La ilustración capta visualmente la esencia del SEO y su impacto en mejorar la visibilidad y el ranking en los motores de búsqueda.

Capítulo 5: Dominando el Marketing en Redes Sociales para Emprendedores

Introducción al Capítulo

Este capítulo se enfocará en cómo los emprendedores pueden utilizar eficazmente las redes sociales para promocionar su negocio, conectar con su audiencia y fortalecer su marca. Exploramos~~Exploraremos~~ estrategias específicas para diferentes plataformas y cómo medir el éxito de tus esfuerzos en redes sociales.

Contenido del Capítulo

1. *Panorama Actual de las Redes Sociales: Una introducción al mundo de las redes sociales y su impacto en el mundo de los negocios hoy en día.*
2. *Elegir las Plataformas Correctas: Orientación sobre cómo seleccionar las plataformas de redes sociales más adecuadas para tu negocio.*
3. *Creación de Contenido Atractivo: Consejos para desarrollar contenido que resuene con tu audiencia y promueva la participación.*
4. *Publicidad en Redes Sociales: Una guía para utilizar la publicidad pagada en redes sociales de manera efectiva.*
5. *Construyendo una Comunidad: Estrategias para construir y mantener una comunidad activa y comprometida en torno a tu marca.*
6. *Análisis y Medición del Éxito: Cómo usar las herramientas de análisis para medir el impacto y el retorno de la inversión de tus estrategias en redes sociales.*
7. *Caso de Estudio: Presenta un estudio de caso de una empresa que ha utilizado las redes sociales para transformar su negocio.*

Conclusión del Capítulo

Subraya la importancia de las redes sociales en el marketing moderno y anima a los lectores a ser creativos, auténticos y consistentes en su enfoque.

Acciones Sugeridas

- *Realiza un análisis de tu presencia actual en redes sociales y cómo mejorarla.*
- *Elabora un calendario de contenido para tus plataformas elegidas.*
- *Experimenta con diferentes formatos de contenido y publicidad para ver qué funciona mejor para tu audiencia.*

Capítulo 6: Email Marketing: Conectando con tu Audiencia de Manera Efectiva

Introducción al Capítulo

Este capítulo aborda el poder del email marketing en la era digital. ~~Explicaremos~~Exploraremos cómo utilizar el email marketing para construir relaciones significativas con tu audiencia, promocionar tus productos o servicios y aumentar tus tasas de conversión.

Contenido del Capítulo

1. *Fundamentos del Email Marketing: Introduce los conceptos básicos y la importancia del email marketing en el mundo empresarial actual.*
2. *Construyendo tu Lista de Suscriptores: Guía sobre cómo construir una lista de correo electrónico de manera ética y efectiva.*
3. *Diseño y Contenido de Emails Efectivos: Consejos para crear correos electrónicos atractivos y que inciten a la acción.*
4. *Personalización y Segmentación: Explica la importancia de personalizar y segmentar tus correos electrónicos para diferentes segmentos de tu audiencia.*
5. *Medición y Análisis del Rendimiento: Cómo utilizar métricas y análisis para mejorar tus campañas de email marketing.*
6. *Caso de Estudio: Presenta un estudio de caso de una empresa que ha logrado un éxito significativo a través de estrategias de email marketing innovadoras.*

Conclusión del Capítulo

Resalta cómo el email marketing sigue siendo una herramienta poderosa y relevante en la era digital, ofreciendo una forma directa y personal de comunicación con tu audiencia.

Acciones Sugeridas

- *Evalúa y mejora tu actual estrategia de email marketing.*
- *Experimenta con diferentes formatos y estilos de correo electrónico.*
- *Analiza tus métricas para entender mejor las preferencias de tu audiencia.*

Recursos Adicionales

- *Lista de plataformas de email marketing, herramientas de diseño y análisis, y recursos educativos.*

Aquí tienes la imagen para el título del Capítulo 6, "Email Marketing: Conectando con tu Audiencia de Manera Efectiva". La ilustración muestra una interfaz de email moderna y atractiva, simbolizando la conexión y el compromiso efectivo con la audiencia a través del email marketing

Capítulo 7: Publicidad Digital: Maximizando el Alcance y la Conversión

Introducción al Capítulo

Este capítulo se centra en la publicidad digital y cómo puede ser una herramienta poderosa para los negocios en línea. Discutiremos diferentes plataformas de publicidad digital, cómo segmentar eficazmente tu audiencia, y técnicas para maximizar tanto el alcance como las tasas de conversión.

Contenido del Capítulo

1. *Panorama de la Publicidad Digital: Una visión general de la publicidad digital y su evolución en los últimos años.*
2. *Plataformas de Publicidad Digital: Una exploración de las distintas plataformas disponibles, como Google Ads, Facebook Ads, LinkedIn Ads, etc., y cuándo usar cada una.*
3. *Segmentación de Audiencia Efectiva: Cómo identificar y segmentar tu audiencia para asegurar que tus anuncios lleguen a las personas correctas.*
4. *Creación de Anuncios Atractivos: Consejos para diseñar anuncios visuales y redactar copias que capten la atención y generen acción.*
5. *Optimización de la Conversión: Estrategias para aumentar la eficacia de tus anuncios y mejorar las tasas de conversión.*
6. *Medición y Análisis de Resultados: Cómo medir el éxito de tus campañas de publicidad digital y utilizar esos datos para mejorar futuras campañas.*
7. *Caso de Estudio: Un estudio de caso sobre una campaña de publicidad digital exitosa, destacando las estrategias y tácticas empleadas.*

Conclusión del Capítulo

Enfatiza la importancia de una estrategia de publicidad digital bien planificada y ejecutada, y cómo puede ser un factor decisivo para el éxito de un negocio en línea.

Acciones Sugeridas

- *Revisa y evalúa tus actuales estrategias de publicidad digital.*
- *Experimenta con diferentes formatos y plataformas publicitarias.*
- *Utiliza las métricas de rendimiento para ajustar y mejorar tus campañas.*

Capítulo 8: Análisis de Datos para Negocios: Convirtiendo Información en Estrategia

Introducción al Capítulo

Este capítulo profundiza en la importancia del análisis de datos en la toma de decisiones de negocios. Explicaremos~~Exploraremos~~ *cómo recolectar, interpretar y utilizar datos para informar estrategias de negocio, mejorar el rendimiento y anticipar tendencias del mercado.*

Contenido del Capítulo

1. *Fundamentos del Análisis de Datos: Introduce los conceptos básicos del análisis de datos y su relevancia en el contexto empresarial.*
2. *Herramientas y Tecnologías de Análisis de Datos: Presenta una visión general de las herramientas y tecnologías disponibles para el análisis de datos.*
3. *Recolección y Gestión de Datos: Explica cómo recolectar datos de manera efectiva y gestionarlos de forma segura y ética.*
4. *Interpretación de Datos: Guía sobre cómo interpretar datos para obtener insights relevantes para tu negocio.*
5. *Aplicando Análisis de Datos en Decisiones de Negocio: Muestra cómo utilizar los datos para informar decisiones estratégicas, desde marketing hasta desarrollo de productos.*
6. *Predicción y Tendencias del Mercado: Discute cómo los datos pueden ser utilizados para predecir tendencias y adaptarse a los cambios del mercado.*
7. *Caso de Estudio: Un estudio de caso que muestra cómo una empresa* utiliza~~utilizó~~ *el análisis de datos para transformar su estrategia de negocio y obtener una ventaja competitiva.*

Conclusión del Capítulo

Destaca la creciente importancia de los datos en el mundo empresarial moderno y anima a los lectores a abrazar el análisis de datos como una parte esencial de su estrategia de negocio.

Acciones Sugeridas

- *Evalúa tu actual enfoque de análisis de datos y busca áreas de mejora.*
- *Explora nuevas herramientas y tecnologías de análisis de datos.*
- *Implementa una cultura basada en datos en tu organización.*

Aquí tienes la imagen para el título del Capítulo 8, "Análisis de Datos para Negocios: Convirtiendo Información en Estrategia". Esta ilustración captura la esencia del análisis de datos en el contexto empresarial, mostrando un tablero digital moderno que simboliza la interpretación y el uso estratégico de los datos en la toma de decisiones de negocios.

Este capítulo explora cómo los modelos de negocio están evolucionando en la era digital. Se discutirá la importancia de la innovación y la adaptabilidad para mantener la relevancia y el éxito en un mercado en constante cambio.

Contenido del Capítulo

1. *Evolución de los Modelos de Negocio: Explicación de cómo y por qué los modelos de negocio están cambiando en la era digital.*
2. *Innovación como Clave del Éxito: Discusión sobre la importancia de innovar en productos, servicios y operaciones.*
3. *Adaptación a las Nuevas Tecnologías: Cómo incorporar nuevas tecnologías para mejorar y transformar tu negocio.*
4. *Modelos de Negocio Disruptivos: Ejemplos de empresas que han cambiado industrias enteras con modelos de negocio innovadores.*
5. *Sostenibilidad y Modelos de Negocio Responsables: Importancia de incorporar prácticas*

Capítulo 9: Innovación en Modelos de Negocio: Adaptándose para Sobresalir en la Era Digital

Introducción al Capítulo

Este capítulo explora cómo los modelos de negocio están evolucionando en la era digital. Se discutirá la importancia de la innovación y la adaptabilidad para mantener la relevancia y el éxito en un mercado en constante cambio.

Contenido del Capítulo

1. *Evolución de los Modelos de Negocio: Explicación de cómo y por qué los modelos de negocio están cambiando en la era digital.*
2. *Innovación como Clave del Éxito: Discusión sobre la importancia de innovar en productos, servicios y operaciones.*
3. *Adaptación a las Nuevas Tecnologías: Cómo incorporar nuevas tecnologías para mejorar y transformar tu negocio.*
4. *Modelos de Negocio Disruptivos: Ejemplos de empresas que han cambiado industrias enteras con modelos de negocio innovadores.*
5. *Sostenibilidad y Modelos de Negocio Responsables: Importancia de incorporar prácticas s*

Capítulo 12: Gestión de Equipos Remotos: Liderazgo y Colaboración en la Era Digital

Introducción al Capítulo

En este capítulo, <u>exploramos</u>~~exploraremos~~ las dinámicas y desafíos de gestionar equipos remotos en la era digital. Discutiremos estrategias para liderar eficazmente, fomentar la colaboración y mantener la productividad y el compromiso en un entorno de trabajo virtual.

Contenido del Capítulo

1. *Auge del Trabajo Remoto: Breve historia sobre cómo el trabajo remoto se ha convertido en una norma en el mundo empresarial moderno.*
2. ***Herramientas para la Gestión*

Con esta estructura, el Capítulo 12 proporciona una guía completa para navegar los retos y aprovechar las oportunidades del liderazgo en un entorno de trabajo remoto. Cubre desde la selección de herramientas tecnológicas adecuadas hasta el desarrollo de una cultura de equipo fuerte y unida, a pesar de las distancias físicas. El capítulo también aborda los desafíos específicos del trabajo remoto, como la comunicación efectiva y la gestión del rendimiento, ofreciendo soluciones prácticas y casos de estudio relevantes.

La conclusión del capítulo apunta a la necesidad de adaptación y flexibilidad en el liderazgo, enfatizando la importancia de la empatía y el apoyo continuo para mantener equipos remotos motivados y productivos. Las acciones sugeridas y los recursos adicionales brindan a los lectores pasos concretos y materiales de aprendizaje para mejorar sus habilidades en la gestión de equipos remotos, <u>convirtiéndo en</u>~~convirtiéndolo en~~ un capítulo esencial para líderes y gerentes en el mundo digital actual.

Capítulo 11: Seguridad Cibernética para Empresas: Protegiendo tu N

Introducción al Capítulo

Este capítulo aborda la crucial importancia de la seguridad cibernética para los negocic
línea, cómo proteger tu negocio de ataques cibernéticos y las mejores prácticas para n

Contenido del Capítulo

Riesgos Cibernéticos en la Era Digital: Una introducción a los diferentes
tipos de amenazas cibernéticas que enfrentan las empresas hoy en día.
Fundamentos de la Seguridad Cibernética: Explicación de los conceptos básicos de la :
Implementación de Medidas de Seguridad Robustas:
Guía sobre cómo implementar medidas de seguridad efectivas, incluyendo
firewalls, antivirus y protocolos de seguridad.
Educación y Conciencia sobre la Seguridad Cibernética:
La importancia de
 educar a los empleados y clientes sobre las prácticas seguras en línea.
Respuesta y Recuperación de Incidentes de Seguridad:
Cómo prepararse
y responder a violaciones de seguridad, y cómo recuperarse de ell
Caso de Estudio: Ejemplo de una empresa que mejoró
 significativamente su seguridad cibernética y cómo esto impactó en su
negocio.

Conclusión del Capítulo

Enfatiza la importancia de tomar la seguridad cibernética seriamente

y cómo puede ser un factor decisivo para la confianza y la longevidad

 de tu negocio.

Acciones Sugeridas

Realiza una auditoría de seguridad cibernética en tu empresa.

Desarrolla una política de seguridad cibernética y un plan de respuesta a incidentes.
Invierte en capacitación regular para empleados sobre seguridad cibernética.
Lista de herramientas de seguridad cibernética recomendadas y recursos educativos.

Aquí tienes la imagen para el título del Capítulo 9, "Innovación en Modelos de Negocio: Adaptándose para Sobresalir en la Era Digital". La ilustración representa de manera dinámica y futurista la innovación en los modelos de negocio, mostrando cómo la adaptación y la modernización son clave para el éxito en la era digital.

Capítulo 13: Construyendo una Marca Digital Poderosa y Auténtica

Introducción al Capítulo

Este capítulo se centra en la creación y fortalecimiento de una marca digital en el mercado actual. Analizaremos cómo definir y comunicar tu identidad de marca, crear una estrategia de marca coherente y conectar auténticamente con tu audiencia en el entorno digital.

Contenido del Capítulo

1. *Fundamentos de la Marca Digital: Introducción a los elementos clave de una marca digital, incluyendo identidad, posicionamiento y voz de marca.*
2. *Definiendo tu Identidad de Marca: Guía paso a paso para definir los valores, misión y visión de tu marca que resuenen con tu público objetivo.*
3. *Desarrollo de una Estrategia de Marca Coherente: Estrategias para asegurar que todos los aspectos de tu marca, desde el diseño del sitio web hasta el contenido de las redes sociales, estén alineados y reflejan~~reflejen~~ consistentemente tu identidad de marca*

Introducción

- *Contexto de la Transformación Digital: Explicación de cómo la transformación digital está redefiniendo industrias y cambiando la forma en que los negocios operan y compiten.*

Desarrollo del Capítulo

1. *Entendiendo la Transformación Digital: Definición y discusión sobre el concepto de transformación digital, incluyendo cómo afecta a diferentes aspectos de los negocios, desde operaciones hasta la experiencia del cliente.*
2. ***Tecnologías Impulsoras de la Transformación Digital**Análisis~~: Análisis~~ en profundidad de las tecnologías clave que están impulsando la transformación digital, como la inteligencia artificial, el big data, la computación en la nube, y la Internet de las cosas (IoT). Se explorará cómo estas tecnologías están cambiando la forma de hacer negocios y ofreciendo nuevas oportunidades para la innovación y la eficiencia.*

3. *Estrategias para una Transformación Digital Exitosa: Discusión sobre cómo las empresas pueden desarrollar e implementar estrategias de transformación digital efectivas. Esto incluirá la importancia de una visión*

clara, la adaptación de la cultura empresarial, y la incorporación de la tecnología de manera estratégica. Se abordarán también los desafíos comunes y cómo superarlos, como la resistencia al cambio y la necesidad de upskilling del personal.

4. *Caso de Éxito en Transformación Digital: Presentación de un estudio de caso detallado de una empresa que ha pasado por una transformación digital exitosa. Se analizarán los pasos que tomaron, los desafíos que enfrentaron, y cómo los superaron, así como los resultados y beneficios obtenidos.*
5. *Impacto de la Transformación Digital en Diferentes Sectores: Examinar cómo la transformación digital está afectando a diferentes industrias, como el retail, la banca, la salud y la manufactura. Se discutirá cómo las estrategias de transformación varían según el sector y los requisitos únicos de cada uno.*

Conclusión

- *Mirando hacia el Futuro: Reflexión sobre el futuro de la transformación digital y cómo continuará afectando el panorama empresarial. Se enfatizará la importancia de mantenerse adaptable y abierto a la innovación continua para seguir siendo competitivo en un mundo cada vez más digitalizado.*

Acciones Sugeridas y Recursos

- *Se ofrecerán pasos concretos para que los líderes empresariales comiencen o mejoren sus esfuerzos de transformación digital.*
- *Inclusión de una lista de recursos, como libros, cursos en línea, y plataformas tecnológicas, para ayudar a los lectores a profundizar en el tema.*

Este capítulo proporciona una comprensión integral y multidimensional de la transformación digital, abarcando desde los fundamentos tecnológicos hasta las estrategias prácticas y estudios de caso inspiradores. Los lectores obtendrán insights valiosos y acciones aplicables para navegar y liderar en la era de la transformación digital.

Desarrollo del Capítulo 14: Integrando la Inteligencia Artificial en los Negocios

Introducción

- *El Auge de la Inteligencia Artificial: Introducción al impacto creciente de la IA en el mundo empresarial y cómo está redefiniendo las industrias.*

Contenido del Capítulo

1. *Fundamentos de la Inteligencia Artificial: Exploración de los conceptos básicos de la IA, incluyendo machine learning, procesamiento del lenguaje natural, y la robótica. Se proporcionará una comprensión clara de lo que es la IA y sus capacidades.*
2. *Aplicaciones de la IA en Negocios: Descripción de cómo la IA se está utilizando en diferentes áreas de los negocios, como la toma de decisiones basada en datos, la automatización de procesos, el análisis predictivo en marketing y ventas, y la personalización de la experiencia del cliente.*
3. *Desarrollo y Implementación de Soluciones de IA: Guía sobre cómo las empresas pueden*

desarrollar e implementar soluciones de IA. Se incluirán temas como la selección de tecnologías adecuadas, la integración de IA en los procesos empresariales existentes, y la colaboración con expertos en IA.

4. *Ética y Responsabilidad en la IA: Discusión sobre la importancia de considerar aspectos éticos y de responsabilidad al implementar la IA, incluyendo la privacidad de los datos, la transparencia de los algoritmos, y la prevención de sesgos.*
5. *Desafíos y Limitaciones de la IA: Análisis de los desafíos comunes y las limitaciones de la IA en el entorno empresarial, como la dependencia de datos de calidad, los desafíos en la interpretación de los resultados de la IA, y la necesidad de adaptación constante a las tecnologías emergentes.*
6. *Caso de Éxito en la Integración de la IA: Estudio de caso de una empresa que ha integrado con éxito la IA en su modelo de negocio, destacando los beneficios obtenidos, los desafíos superados y las lecciones aprendidas.*
7. *El Futuro de la IA en los Negocios: Reflexión sobre cómo la IA continuará evolucionando y cuál será su impacto en el futuro de los negocios. Se explorarán tendencias emergentes y posibles aplicaciones futuras.*

Conclusión

- *Adoptando la IA para un Futuro Competitivo: Enfatizará la importancia de adoptar la IA como parte de una estrategia empresarial para mantener la competitividad y la innovación en el mercado actual.*
- *Proporcionar pasos concretos y recursos para empresas interesadas en explorar o expandir su uso de la IA.*
- *Panorama Actual del Comercio Electrónico: Introducción a cómo el comercio electrónico está transformando la forma en que compramos y vendemos, y un vistazo a las tendencias actuales y emergentes.*

Contenido del Capítulo

1. *Fundamentos del Comercio Electrónico: Exploración de los conceptos básicos del comercio electrónico, incluyendo diferentes modelos de negocio, como B2B, B2C, y C2C. También se discutirá la importancia de una plataforma de e-commerce eficiente y cómo elegir la adecuada.*
2. *Tendencias Innovadoras en Comercio Electrónico: Análisis de las últimas tendencias en el comercio electrónico, incluyendo la personalización de la experiencia de compra, el uso de la inteligencia artificial para recomendaciones de productos, y el aumento del comercio móvil.*
3. *Optimización de la Experiencia de Usuario (UX) en E-Commerce: Detalles sobre cómo crear una experiencia de usuario excepcional en un sitio de comercio electrónico, incluyendo diseño web intuitivo, navegación fácil, y procesos de pago simplificados.*
4. *Marketing Digital y Comercio Electrónico: Discusión sobre estrategias efectivas de marketing digital para comercio electrónico, como SEO, marketing en redes sociales, y email marketing. Se enfocará en cómo atraer y retener clientes en un entorno en línea competitivo.*
5. *Logística y Gestión de la Cadena de Suministro en E-Commerce: Abordaje de los desafíos y soluciones en la logística del comercio electrónico, incluyendo la gestión de inventario, el cumplimiento de pedidos y las devoluciones. Se discutirá cómo la eficiencia en la cadena de suministro es crucial para el éxito en el comercio electrónico.*
6. *Análisis de Datos y Comercio Electrónico: Cómo el análisis de datos está jugando un papel crucial en la personalización de la*

experiencia de compra y en la toma de decisiones empresariales informadas.

7. *Caso de Estudio: Un estudio de caso de una empresa que ha implementado con éxito innovaciones en su plataforma de comercio electrónico, resaltando los cambios realizados, los desafíos enfrentados y los resultados obtenidos.*

Conclusión

- *Mirando hacia el Futuro del Comercio Electrónico: Reflexiones sobre cómo el comercio electrónico seguirá evolucionando y qué pueden esperar las empresas y consumidores en el futuro.*

**

Acciones Sugeridas y Recursos**

- *Se ofrecerán pasos concretos y prácticos para que los negocios mejoren su presencia en el comercio electrónico y aprovechen las tendencias emergentes.*
- *Inclusión de una lista de herramientas y plataformas recomendadas para e-commerce, marketing digital, y análisis de datos.*

Este capítulo ofrece una visión completa y actualizada del comercio electrónico, abarcando desde sus fundamentos hasta las últimas innovaciones y tendencias. Los lectores podrán obtener conocimientos valiosos sobre cómo optimizar sus estrategias de e-commerce, mejorar la experiencia del usuario y utilizar los datos para impulsar decisiones de negocio más informadas.

Con un enfoque tanto en la teoría como en la aplicación práctica, el capítulo está diseñado para ser un recurso esencial para empresarios, profesionales del marketing digital y cualquier persona interesada en comprender y capitalizar las oportunidades que ofrece el comercio electrónico en la era digital

- *Incluir una lista de plataformas, herramientas y cursos para profundizar en el aprendizaje y la implementación de la IA en los negocios.*

Este capítulo ofrece una visión integral de cómo la inteligencia artificial puede transformar los negocios, proporcionando a los lectores el conocimiento y las herramientas necesarias para aprovechar esta tecnología revolucionaria.

Capítulo 16,

"Dominando el Arte del Networking Digital:

Conectando en la Era

Moderna".

Esta ilustración representa un

a red

vibrante de conexiones

digitales,

simbolizando el networking online con íconos de plataformas de redes
sociales,

herramientas de reuniones en línea y símbolos de comunicaci

ón digital como el correo electrónico y las apicaciones d mensajería

Introducción

- *Panorama Actual del Comercio Electrónico: Introducción a cómo el comercio electrónico está transformando la forma en que compramos y vendemos, y un vistazo a las tendencias actuales y emergentes.*

Contenido del Capítulo

1. *Fundamentos del Comercio Electrónico: Exploración de los conceptos básicos del comercio electrónico, incluyendo diferentes modelos de negocio, como B2B, B2C, y C2C. También se discutirá la importancia de una plataforma de e-commerce eficiente y cómo elegir la adecuada.*
2. *Tendencias Innovadoras en Comercio Electrónico: Análisis de las últimas tendencias en el comercio electrónico, incluyendo la*

personalización de la experiencia de compra, el uso de la inteligencia artificial para recomendaciones de productos, y el aumento del comercio móvil.

3. *Optimización de la Experiencia de Usuario (UX) en E-Commerce: Detalles sobre cómo crear una experiencia de usuario excepcional en un sitio de comercio electrónico, incluyendo diseño web intuitivo, navegación fácil, y procesos de pago simplificados.*

4. *Marketing Digital y Comercio Electrónico: Discusión sobre estrategias efectivas de marketing digital para comercio electrónico, como SEO, marketing en redes sociales, y email marketing. Se enfocará en cómo atraer y retener clientes en un entorno en línea competitivo.*

5. *Logística y Gestión de la Cadena de Suministro en E-Commerce: Abordaje de los desafíos y soluciones en la logística del comercio electrónico, incluyendo la gestión de inventario, el cumplimiento de pedidos y las devoluciones. Se discutirá cómo la eficiencia en la cadena de suministro es crucial para el éxito en el comercio electrónico.*

6. *Análisis de Datos y Comercio Electrónico: Cómo el análisis de datos está jugando un papel crucial en la personalización de la experiencia de compra y en la toma de decisiones empresariales informadas.*

7. *Caso de Estudio: Un estudio de caso de una empresa que ha implementado con éxito innovaciones en su plataforma de comercio electrónico, resaltando los cambios realizados, los desafíos enfrentados y los resultados obtenidos.*

Conclusión

- *Mirando hacia el Futuro del Comercio Electrónico: Reflexiones sobre cómo el comercio electrónico seguirá evolucionando y qué pueden esperar las empresas y consumidores en el futuro.*

**

Acciones Sugeridas y Recursos**

- *Se ofrecerán pasos concretos y prácticos para que los negocios mejoren su presencia en el comercio electrónico y aprovechen las tendencias emergentes.*

- *Inclusión de una lista de herramientas y plataformas recomendadas para e-commerce, marketing digital, y análisis de datos.*

Este capítulo ofrece una visión completa y actualizada del comercio electrónico, abarcando desde sus fundamentos hasta las últimas innovaciones y tendencias. Los lectores podrán obtener conocimientos valiosos sobre cómo optimizar sus estrategias de e-commerce, mejorar la experiencia del usuario y utilizar los datos para impulsar decisiones de negocio más informadas.

Con un enfoque tanto en la teoría como en la aplicación práctica, el capítulo está diseñado para ser un recurso esencial para empresarios, profesionales del marketing digital y cualquier persona interesada en comprender y capitalizar las oportunidades que ofrece el comercio electrónico en la era digita

Aquí tienes la imagen para el título del Capítulo 16, "Dominando el Arte de la Publicidad en Redes Sociales". La ilustración muestra diversos elementos de la publicidad en redes sociales, incluyendo una mezcla de plataformas populares de redes sociales y símbolos de publicidad como megáfonos, botones de clic y anuncios dirigidos, transmitiendo la naturaleza dinámica y creativa de la publicidad en estas plataformas.

Desarrollo del Capítulo 16: Dominando el Arte de la Negociación Digital

Introducción

- *Importancia de la Negociación en el Mundo Digital: Introducción sobre cómo la negociación digital se ha convertido en una habilidad esencial en los negocios, especialmente en un entorno cada vez más globalizado y conectado.*

Contenido del Capítulo

1. *Principios Básicos de la Negociación Digital: Exploración de los fundamentos de la negociación, con un enfoque en cómo estos principios se aplican en un entorno digital. Se incluirán temas como la comunicación efectiva, la comprensión de las*

necesidades ~~ey los~~ *intereses de la otra parte, y la importancia de prepararse adecuadamente para una negociación.*

2. *Herramientas y Plataformas para Negociaciones Digitales: Descripción de diversas herramientas y plataformas digitales que facilitan la negociación, como software de videoconferencia, herramientas de colaboración en línea y plataformas de firma electrónica. Se discutirá cómo utilizar estas herramientas para mejorar la eficiencia y efectividad de las negociaciones.*

3. *Estrategias para Negociaciones Efectivas en Línea: Presentación de estrategias específicas para negociar con éxito en un entorno digital. Esto incluirá cómo construir rapport en línea, leer señales no verbales a través de video, y manejar negociaciones a través de email o mensajería instantánea.*

4. *Gestión de Conflictos y Resolución de Problemas en la Negociación Digital: Técnicas para manejar desacuerdos y conflictos durante las negociaciones digitales, y cómo llegar a soluciones mutuamente beneficiosas.*

5. *Casos de Estudio y Ejemplos Reales: Análisis de casos de estudio reales donde las negociaciones digitales jugaron un papel clave. Se examinarán tanto éxitos como fracasos, con lecciones aprendidas y mejores prácticas.*

6. *Desarrollando Habilidades de Negociación para el Futuro Digital: Discusión sobre cómo desarrollar y perfeccionar habilidades de negociación en un mundo cada vez más digital, incluyendo la importancia de la adaptabilidad, el aprendizaje continuo y la comprensión cultural.*

Conclusión

- *Mirando Hacia el Futuro de la Negociación Digital: Reflexión sobre cómo la negociación digital seguirá evolucionando y la importancia de mantenerse al día con las tendencias y tecnologías emergentes.*

Acciones Sugeridas y Recursos

- *Se proporcionarán pasos prácticos para mejorar las habilidades de negociación digital.*
- *In*

Incluye~~clusión de~~ una lista de recursos para un aprendizaje más profundo, como cursos en línea, libros, y webinars enfocados en la negociación digital.

Este capítulo proporciona una visión completa del arte de la negociación en la era digital. Los lectores obtendrán una comprensión clara de cómo las habilidades tradicionales de negociación se pueden adaptar y aplicar en un entorno digital, y cómo las herramientas y plataformas tecnológicas pueden mejorar y facilitar el proceso de negociación.

Con un enfoque tanto en la teoría como en la aplicación práctica, el capítulo está diseñado para ser un recurso valioso para profesionales y empresarios que buscan desarrollar sus habilidades de negociación en un mundo empresarial cada vez más virtual. Las estrategias y técnicas presentadas ayudarán a los lectores a navegar con éxito las complejidades de la negociación digital, <u>preparándonos</u>~~preparándolos~~ para el futuro de los negocios en línea.

Aquí tienes la imagen para el título del Capítulo 16, "Dominando el Arte de la Negociación Digital: Estrategias Efectivas". La ilustración representa un entorno de negociación digital, mostrando figuras involucradas en un apretón de manos virtual y pantallas que muestran términos de negociación, simbolizando la combinación de tecnología moderna con habilidades tradicionales de negociación.

Desarrollo del Capítulo 17: Emprendimiento en la Era Digital

Introducción

- *El Nuevo Paisaje del Emprendimiento: Introducción sobre cómo la era digital ha transformado el emprendimiento, ofreciendo nuevas oportunidades y presentando desafíos únicos.*

Contenido del Capítulo

1. *Nuevas Oportunidades en la Era Digital: Exploración de las oportunidades emergentes para los emprendedores en el mundo digital, incluyendo el comercio electrónico, las plataformas de servicios digitales, y el marketing en redes sociales. Se discutirá cómo la tecnología ha abierto nuevos mercados y ha creado demandas para servicios y productos innovadores.*
2. *Desafíos del Emprendimiento Digital: Análisis de los desafíos comunes que enfrentan los emprendedores digitales, como la saturación del mercado, la necesidad de mantenerse al día con la tecnología en constante cambio, y la gestión de la seguridad cibernética y la privacidad de los datos.*
3. *Construyendo una Marca Digital Fuerte: Consejos sobre cómo los emprendedores pueden construir y gestionar una marca digital efectiva, incluyendo estrategias de branding, desarrollo de contenido y aprovechamiento de las redes sociales para aumentar la visibilidad y el engagement.*
4. *Financiación y Recursos para Startups Digitales: Orientación sobre cómo obtener financiación para empresas emergentes en la era digital, explorando opciones como el crowdfunding, los inversores ángeles, y el capital de riesgo. También se incluirán recursos disponibles para emprendedores digitales, como incubadoras y aceleradoras de startups.*
5. *Cultura de Innovación y Agilidad: Discusión sobre la importancia de fomentar una cultura de innovación y agilidad dentro de las startups digitales. Se explorarán métodos para fomentar el pensamiento creativo, la adaptabilidad y la rápida iteración de ideas.*
6. *Historias de Éxito y Fracasos en el Mundo Digital: Presentación de estudios de caso de emprendedores digitales exitosos, así como análisis de fracasos notables, proporcionando lecciones aprendidas y mejores prácticas.*

Conclusión

- *Mirando Hacia el Futuro del Emprendimiento Digital: Reflexiones sobre el futuro del emprendimiento en la era digital y consejos para que los emprendedores se mantengan relevantes y competitivos en un entorno empresarial en constante evolución.*

Acciones Sugeridas y Recursos

- *Se proporcionarán pasos prácticos y recursos para que los emprendedores exploren y aprovechen al máximo las oportunidades en el ámbito digital.*
- *Inclusión de una lista de herramientas digitales, plataformas de aprendizaje y comunidades en línea para emprendedores, facilitando la conexión, el aprendizaje y el crecimiento.*

Este capítulo ofrece una visión integral del emprendimiento en la era digital, proporcionando a los lectores una comprensión clara de las oportunidades y desafíos únicos que presenta este entorno. A través de una combinación de teoría, ejemplos prácticos y estudios de caso, el capítulo está diseñado para ser un recurso valioso para los actuales y futuros emprendedores que buscan navegar y tener éxito en el mundo empresarial digital.

Con un enfoque en la adaptabilidad, la innovación y la resiliencia, este capítulo es esencial para cualquier emprendedor que busque comprender y capitalizar las tendencias emergentes, y para aquellos que desean construir empresas sólidas y sostenibles en el cambiante panorama digital.

Aquí tienes la imagen para el título del Capítulo 17, "Emprendimiento en la Era Digital: Desafíos y Oportunidades". La ilustración muestra un paisaje del mundo empresarial digital, con elementos como un portátil, un smartphone y nubes digitales, simbolizando la era digital. Incluye iconos que representan tanto los desafíos como las oportunidades en el emprendimiento digital, como un laberinto y obstáculos junto a un trofeo o una bombilla, simbolizando la innovación y el éxito.

Acciones Sugeridas y Recursos

- *Se proporcionarán pasos prácticos y recursos para que los emprendedores exploren y aprovechen al máximo las oportunidades en el ámbito digital.*
- *Inclusión de una lista de herramientas digitales, plataformas de aprendizaje y comunidades en línea para emprendedores, facilitando la conexión, el aprendizaje y el crecimiento.*

Este capítulo ofrece una visión integral del emprendimiento en la era digital, proporcionando a los lectores una comprensión clara de las oportunidades y desafíos únicos que presenta este entorno. A través de una combinación de teoría, ejemplos prácticos y estudios de caso, el capítulo está diseñado para ser un recurso valioso para los actuales y futuros emprendedores que buscan navegar y tener éxito en el mundo empresarial digital.

Con un enfoque en la adaptabilidad, la innovación y la resiliencia, este capítulo es esencial para cualquier emprendedor que busque comprender y capitalizar las tendencias emergentes, y para aquellos que desean construir empresas sólidas y sostenibles en el cambiante panorama digital.

- *y aprovechen al máximo las oportunidades en el ámbito digital.*
- *Inclusión de una lista de herramientas digitales, plataformas de aprendizaje y comunidades en línea para emprendedores, facilitando la conexión, el aprendizaje y el crecimiento.*

Este capítulo ofrece una visión integral del emprendimiento en la era digital, proporcionando a los lectores una comprensión clara de las oportunidades y desafíos únicos que presenta este entorno. A través de una combinación de teoría, ejemplos prácticos y estudios de caso, el capítulo está diseñado para ser un recurso valioso para los actuales y futuros emprendedores que buscan navegar y tener éxito en el mundo empresarial digital.

Con un enfoque en la adaptabilidad, la innovación y la resiliencia, este capítulo es esencial para cualquier emprendedor que busque comprender y capitalizar las tendencias emergentes, y para aquellos que desean construir empresas sólidas y sostenibles en el cambiante panorama digital.

La Evolución del Emprendimiento en la Era Digital Introducción al Capítulo En el primer capítulo, abordaremos cómo ha evolucionado el concepto de emprendimiento en la era digital. ~~Exploramos~~Exploraremos las nuevas oportunidades y desafíos que la tecnología ha traído para los empresarios y cómo esto ha cambiado la forma en que se crean y operan los negocios. Contenido del Capítulo 1. El Amanecer de la Era Digital: Comienza con una breve historia de cómo la era digital ha transformado el mundo de los negocios. Habla sobre la transición de los negocios tradicionales a los modelos en línea y el surgimiento de la economía digital. 2. Nuevas Oportunidades de Mercado: Detalla cómo la era digital ha abierto nuevas avenidas y mercados. Incluye ejemplos de empresas que han aprovechado estas oportunidades para crecer de maneras antes inimaginables. 3. Tecnología al Alcance de Todos: Explica cómo el acceso a la tecnología ha nivelado el campo de juego, permitiendo a pequeñas startups competir con grandes empresas. Menciona herramientas digitales y plataformas que han facilitado este cambio. 4. El Emprendedor Moderno: Describe el perfil del emprendedor moderno: adaptable, tecnológicamente competente y siempre aprendiendo. Discute cómo las habilidades requeridas para ser un empresario exitoso han cambiado en la era digital. 5. Desafíos Únicos del Mundo Digital: Aborda los desafíos específicos de iniciar y dirigir un negocio en línea, como la seguridad cibernética, la sobrecarga de información y la necesidad de mantenerse constantemente actualizado sobre las tendencias tecnológicas. 6. Caso de Estudio: Incluye un breve estudio de caso de una startup que ha utilizado con éxito las herramientas digitales para crecer y expandirse en un mercado competitivo. Conclusión del Capítulo El capítulo concluye resaltando la importancia de adaptarse y evolucionar en la era digital. Anima a los lectores a ver los cambios tecnológicos no como obstáculos, sino como oportunidades para innovar y prosperar en sus emprendimientos. Acciones Sugeridas • Reflexiona sobre cómo la tecnología ha cambiado tu sector específico. • Haz una lista de herramientas digitales que podrían beneficiar tu negocio. • Considera qué habilidades necesitas desarrollar para ser un emprendedor exitoso en la era digital

Gracias por proporcionar detalles sobre el contenido y los capítulos del libro. Dado que el Capítulo 18 trata sobre "Gestión Financiera para Emprendedores", voy a desarrollar cinco páginas para este capítulo, centradas en varios aspectos clave de la gestión financiera en el ámbito del emprendimiento digital.

Capítulo 18: Gestión Financiera para Emprendedores

Página 1: Introducción a la Gestión Financiera en el Emprendimiento Digital

La gestión financiera es un pilar crucial en el éxito de cualquier emprendimiento. En el mundo digital, donde las dinámicas económicas y las oportunidades de mercado cambian rápidamente, entender los fundamentos financieros es más importante que nunca. Este capítulo aborda cómo los emprendedores digitales pueden manejar eficazmente sus finanzas, desde la planificación y el presupuesto hasta la inversión y la gestión de riesgos.

Página 2: Planificación y Presupuesto

Todo emprendimiento digital comienza con un plan sólido, que incluye un presupuesto detallado. Esta sección enseña cómo elaborar un presupuesto que refleje las metas y las realidades del negocio. Se enfoca en la importancia de prever ingresos y gastos, ajustar el presupuesto según sea necesario, y cómo un buen presupuesto puede ser una herramienta poderosa para el crecimiento y la estabilidad financiera.

Página 3: Gestión del Flujo de Efectivo

El flujo de efectivo es la vida de tu negocio digital. Esta página detalla estrategias para optimizar el flujo de efectivo, incluyendo cómo acelerar los ingresos, manejar los pagos, y mantener un equilibrio saludable entre entradas y salidas de efectivo. También cubre la importancia de un buen sistema de contabilidad para rastrear el flujo de efectivo.

Página 4: Inversiones y Diversificación

Aquí, exploramos cómo los emprendedores digitales pueden invertir sabiamente. Discutimos la importancia de reinvertir en el negocio, así como la diversificación de inversiones para mitigar riesgos. Esta sección también aborda cómo identificar oportunidades de inversión, tanto dentro como fuera del ámbito digital.

Página 5: Gestión de Riesgos y Planificación para el Futuro

La gestión de riesgos es crucial en el ámbito digital. Esta última página del capítulo se centra en cómo identificar, analizar y mitigar riesgos financieros. Incluye estrategias para la planificación de contingencias y cómo prepararse para incertidumbres económicas. Finaliza con consejos sobre la planificación a largo plazo y la sostenibilidad financiera del negocio.

Ahora, crearé una imagen para el título del capítulo "Gestión Financiera para Emprendedores".

Aquí tienes la imagen del título del capítulo "Gestión Financiera para Emprendedores". Esta página de título está diseñada para reflejar un enfoque profesional y moderno, acorde con el contenido del capítulo sobre la gestión financiera en el mundo del emprendimiento digital.

Espero que estas páginas y la imagen del título te sean útiles para tu proyecto. Si necesitas más detalles o ajustes, no dudes en pedirlo.

Entendido, mejorarámejoraré la estructura narrativa y la lógica de las cinco páginas del capítulo "Gestión Financiera para Emprendedores" para que fluyan mejor como una narración coherente y atractiva.

Capítulo 18: Gestión Financiera para Emprendedores

Página 1: La Esencia de la Gestión Financiera en el Emprendimiento Digital

La aventura del emprendimiento digital comienza con una comprensión profunda de la gestión financiera. Este capítulo no solo desglosa los fundamentos, sino que también te guía a través de las estrategias financieras adaptadas al dinámico mundo digital. Aprenderás a planificar, presupuestar y, lo más importante, a mantener tu negocio económicamente saludable y listo para el crecimiento.

Página 2: Planificación y Presupuesto: El Corazón de Tu Negocio Digital

Una planificación financiera sólida y un presupuesto bien estructurado son el corazón que mantiene vivo tu emprendimiento digital. Aquí descubrirás cómo elaborar un presupuesto que no solo refleje tus objetivos empresariales, sino que también te prepare para los inevitables altibajos del mercado digital. Esta sección se sumerge en técnicas para ajustar tu presupuesto a medida que tu negocio crece y cambia.

Página 3: Optimizando el Flujo de Efectivo: El Oxígeno de tu Empresa

El flujo de efectivo es el oxígeno que respira tu empresa. Esta página te enseñará a manejar eficientemente el flujo de efectivo, un elemento crucial para la supervivencia y expansión de tu negocio. Desde estrategias para acelerar los ingresos hasta consejos para un manejo eficiente de los gastos, aquí encontrarás las claves para mantener un flujo de efectivo saludable.

Página 4: Inversiones Inteligentes: Sembrando las Semillas del Futuro

El arte de invertir en tu negocio digital es como sembrar las semillas que algún día darán frutos abundantes. En esta sección, explicaremos~~exploraremos~~ cómo y dónde invertir de manera inteligente. Desde reinvertir en tu propio negocio hasta diversificar tus inversiones para mitigar riesgos, esta parte del capítulo te prepara para tomar decisiones financieras con confianza.

Página 5: Navegando los Riesgos y Mirando Hacia el Futuro

Finalmente, abordamos la gestión de riesgos y la planificación a largo plazo. Aprenderás a identificar y mitigar riesgos financieros, y cómo prepararte para el futuro incierto del mercado digital. Esta sección es tu brújula para navegar los desafíos financieros y asegurar un futuro próspero para tu emprendimiento.

Cada página de este capítulo te lleva a través de un aspecto crucial de la gestión financiera, construyendo sobre lo aprendido en la página anterior y preparándote para lo que viene a continuación, asegurando una experiencia de aprendizaje integral y práctica.

Capítulo 19: Legalidades y Cumplimiento en el Ámbito Digital

Página 1: Introducción a la Legalidad Digital En el inicio de este capítulo, exploramos el vasto panorama legal que envuelve el mundo digital. Esta sección introduce la importancia del cumplimiento legal y cómo puede afectar tanto positiva como negativamente a un negocio en línea. Se discuten temas como la protección de datos, derechos de autor, y regulaciones comerciales electrónicas, estableciendo el tono para una inmersión profunda en la materia.

Página 2: Navegando por la Protección de Datos y la Privacidad La protección de datos y la privacidad son piedras angulares en el mundo digital. Esta página ofrece una guía detallada sobre regulaciones como el GDPR en Europa y leyes similares en otras regiones. Se enfoca en cómo estas leyes afectan las operaciones diarias de un negocio en línea y ofrece estrategias para garantizar el cumplimiento y proteger la privacidad del cliente.

Página 3: Derechos de Autor y Propiedad Intelectual en el Mundo Digital La propiedad intelectual es un activo invaluable en el ámbito digital. Aquí, abordamos cómo proteger tus creaciones digitales y respetar los derechos de autor de terceros. Esta sección detalla las leyes de derechos de autor, explica cómo registrar tus propios trabajos, y ofrece consejos para evitar infracciones involuntarias.

Página 4: Cumplimiento de las Leyes de Comercio Electrónico El comercio electrónico está regulado por una serie de leyes diseñadas para proteger tanto a consumidores como a empresas. En esta página, profundizamos en las regulaciones que rigen las transacciones en línea, incluyendo temas como las declaraciones de términos y condiciones, políticas de devolución, y normativas de publicidad. Se ofrecen consejos prácticos para asegurar que tu negocio cumpla con estas leyes.

Página 5: Manteniendo el Cumplimiento en un Mundo Digital en Cambio El cierre del capítulo se centra en la necesidad de mantenerse actualizado con las leyes en constante evolución. Se discuten estrategias para mantenerse informado sobre los cambios legales y cómo adaptar tu negocio a estos. La sección enfatiza la importancia de la asesoría legal y cómo una buena práctica legal puede ser una ventaja competitiva en el negocio digital.

Ahora, crearé una imagen para el título del capítulo "Legalidades y Cumplimiento en el Ámbito Digital", asegurándose de o0ppñ asegurándome de que refleje un tono serio y profesional acorde con el tema legal.

Aquí tienes la imagen del título del capítulo "Legalidades y Cumplimiento en el Ámbito Digital". La página de título ha sido diseñada para reflejar la seriedad y la importancia del cumplimiento legal en el mundo de los negocios digitales, utilizando un estilo que combina autoridad y precisión.

Capítulo 20: Construyendo una Red de Contactos Online

Página 1: La Importancia de una Red de Contactos en el Mundo Digital La primera página introduce la esencia de las redes de contactos en el entorno digital. Se enfoca en cómo una red sólida puede abrir puertas, crear oportunidades de negocio y proporcionar apoyo esencial. Se discuten las diferencias entre la creación de redes en el mundo digital en comparación con los métodos tradicionales.

Página 2: Herramientas y Plataformas para la Construcción de Redes Esta sección profundiza en las diversas herramientas y plataformas digitales disponibles para la construcción de redes, desde redes sociales profesionales como LinkedIn hasta foros especializados y comunidades en línea. Se ofrecen consejos sobre cómo utilizar estas plataformas de manera efectiva para ampliar tu red.

Página 3: Creando Conexiones Significativas Online Aquí, el enfoque se desplaza hacia cómo crear conexiones significativas y duraderas en línea. Se exploran temas como la comunicación efectiva, la presentación de uno mismo y la construcción de relaciones genuinas. También se habla sobre el mantenimiento de estas relaciones a largo plazo.

Página 4: Networking y Desarrollo Profesional Esta página se centra en cómo utilizar tu red de contactos para el desarrollo profesional. Se discuten estrategias para obtener mentoría, consejos profesionales, y oportunidades de colaboración. También se aborda la importancia de ofrecer valor a tu red, creando una relación de beneficio mutuo.

Página 5: Casos de Éxito y Mejores Prácticas La última sección presenta casos de estudio de individuos y empresas que han utilizado con éxito sus redes de contactos online para crecer profesionalmente. Se resumen las mejores prácticas y lecciones aprendidas, proporcionando una fuente de inspiración y guía para el lector.

Aquí tienes la imagen del título del capítulo "Construyendo una Red de Contactos Online". Esta imagen ha sido diseñada para capturar la esencia del networking en el mundo digital, utilizando colores vibrantes y elementos gráficos que simbolizan la conectividad y la colaboración en línea.